はじめに

「社協」「地域づくり」…これらの言葉を知っていますか？そして、どんなことをイメージしますか？

この本を手に取っていただいているあなたは、社会福祉協議会（以下、社協）がどんなことを行っているのか、地域での活動にはどんなものがあるのか興味をもっていただいていることと思います。

この数年、世の中では新型コロナウイルス感染症が拡大し、地域に住んでいる方々のつながりが途絶えてしまう危機に直面しました。またコロナ禍では、東京都内で66万件以上もの特例貸付支援を実施したこと等を通じ、今までみえてこなかった新たな地域課題が浮き彫りにもなりました。これらについて東京都社会福祉協議会（以下、東社協）地域福祉部 地域福祉担当では、都内62区市町村社協がどのような地域の課題を把握し、それらにどのように取り組んでいるのかアンケートを実施しました。この本では、そのうち10社協の詳しい取組み内容をヒアリングし、まとめました。

東京にくらす人がかかえる地域課題やそれらを支援するため社協で行われている地域づくりに関するさまざまな取組みを知り、東京にくらす人を支え・支えられる地域づくりを一緒に考えてみませんか。

社会福祉法人東京都社会福祉協議会
地域福祉部 地域福祉担当

目　次

I

コロナ禍で顕在化した地域課題への区市町村社協の取組み状況アンケート結果概要

■ 調査目的

東社協地域福祉担当では、令和４年度に「コロナ禍で顕在化した地域課題への区市町村社協の取組み状況アンケート」を実施した。今回の調査は、コロナ禍を通じて顕在化した地域課題に関する現在の取組み状況を把握し共有することを目的に実施した。

■ 調査期間

令和５年12月17日～令和６年２月８日

■ 調査対象

東京都内区市町村社協

■ 回答数

62社協／62社協（回答率：100％）

1 外国籍居住者

課題1 言語や文化の違いに伴う課題

○特例貸付の申請を通じて読み書きができない外国籍居住者を把握した。
○日本語の理解が困難なため、支援の情報を得にくい。
○母国にない支援の手続きが理解しにくい。
○コミュニケーション能力によって他職種への転職が難しい。
○宗教上、食支援において提供できるものに制限が生じる。　など

課題2 在留資格によって公的支援に限界

○在留資格によって生活保護などが受けられない。
○離職や減収に対する社会保障がない。
○在留資格により転職の職種に制限がある。　など

課題3 外国にルーツをもつ子の子育て支援の課題

○外国にルーツをもつ子の学習支援に課題があり、言語の理解以外に発達障害がある場合に顕在化しにくい。
○外国にルーツをもつ子の親が学校等の書類の理解に課題がある。
○奨学金制度などがあっても制度がわからず高校進学を諦めてしまう。
○外国籍の子育て中の女性は地域との接点がなく、言語や文化の違いから子育ての悩みが相談できない。
○子ども食堂に集まれずにフードパントリーとなり、外国籍の子自身と接触する機会が減って生活実態が把握しにくい。　など

課題4 地域とのつながりの不足と生活上の課題

○飲食店休業などで増えた特例貸付の外国籍申請者の生活実態の把握が難しい。
○特例貸付を通じて単身用の居室に複数名で居住する生活実態が顕在化した。
○失職して生活困窮となり転居が必要な際、緊急連絡先がなく物件探しが難しい。
○外国籍居住者のコミュニティはあっても地域の日本人とのつながりがなく、地域の情報が得られない。
○留学生もアルバイトがなく、経済的に困窮している。　など

課題5 ウクライナからの難民への支援

○都営住宅に避難するウクライナからの難民にも上記に準ずる課題が想定される。　など

令和5年度に取り組んでいる事業がある ▶▶▶ 39 社協

（令和５年 12 月実施アンケート）

課題に対応した令和５年度の取組み

今年度は社協窓口に翻訳機を置くだけでなく、外国語対応ができる職員を配置する社協もみられる。また、案内やチラシを多言語化したり、「やさしい日本語」を用いたものを作成している。

相談支援から地域住民・団体や外国籍住民コミュニティと協力して地域とのつながりづくりに取り組んだり、外国にルーツをもつ子の支援として、学習支援や日本語が不得手な親への支援、食支援として昨年から引き続き相談付フードパントリー等も行われている。

今年度は災害時対応を見据えた活動を行っている社協もある。

昨年度から引き続き在留資格や外国籍住民を知るための研修を実施したり、地域住民にむけた講座を行った社協もある。

― 主な実践例 ―

○窓口に翻訳機を設置している。また、外国籍の人に対応できる職員（英語対応）を常駐させている。（港区）

○発災時に備え、言葉や文化の壁を想定した避難所運営訓練が語学に堪能なボランティアグループの協力で毎年実施されている。（世田谷区）

○社協が実施している低所得者世帯向け学習支援教室において、学校からの配付物が読めない・理解できない外国出身の保護者にボランティアがサポートしている。（北区）

○外国ルーツの市民と日本人市民の平時のつながりを作るため、イベントを開催し、地域にどのような助けや入口があれば良いか、当事者と共に考えた。（調布市）

○日本語が母語でない人が対象に含まれる可能性がある場合、通知文等をやさしい日本語版にする工夫をしている。（東久留米市）

2 生活困窮・特例貸付

課題1 貸付だけでは生活の立て直しが困難

○特例貸付だけでは生活が改善されない世帯が多い。
○長期にわたって離職している世帯の立て直しが困難となっている。
○コロナ禍以前から貯蓄がほとんどないなど、収入の変化に脆弱な状況にある。
○家計改善ができれば、貸付がなくても生活が成り立つと思われる世帯もある。
○食糧支援や貸付などの対症療法的な支援では根本的な解決につながらないケースがある。　など

課題2 相談につながりにくい生活困窮者

○相談窓口や制度があっても、自らそこにたどり着けない人がいる。
○外国人に限らず、書類作成や行政手続きに支援が必要な方が多い。
○経済的な困窮以外の困りごとがあっても、相談機関につながらない方が多い。
○生活保護や自己破産に対する抵抗感が強い。　など

課題3 潜在して支援が届きにくい生活困窮者

○学生の生活困窮の実情の把握が難しい。日頃から大学と情報共有が必要。
○移動手段がない生活困窮者は食糧を取りに来られない。
○地方から出てきている方などは、地域とのつながりも薄く、親族や家族の支援も得られにくい。
○子育て家庭でない世帯への食支援が少ない。　など

課題4 就労に向けた支援が難しい生活困窮者

○無年金または年金だけでは生活できない高齢者が多い。家賃の負担が大きく、高齢者のキャリアチェンジが難しい。
○就労先の情報を提供しても就労に結びつかない。
○伴走型の就労支援が必要な層が取り残されている。
○請負契約で働く個人事業主が制度による支援に必要な知識を持っていない。　など

課題5 経済的困窮以外の複合的な課題が背景にある世帯

○不登校やひきこもり、ゴミ屋敷などの課題も抱えている世帯への支援が必要。
○貸付をきっかけに精神疾患や子どもの障害、子育ての困りごとが出てくる。
○コロナ禍での収入減のストレスによって虐待のリスクが高まる。　など

令和５年度に取り組んでいる事業がある ▶▶▶ 47 社協

（令和５年 12 月実施アンケート）

課題に対応した令和５年度の取組み

昨年度から継続的に関わり、関係機関と連携した支援に取り組んでいるが、今年度はさらに生活状況等に関するアンケートの実施や出張相談会や訪問支援等のアウトリーチに発展して取組みを行っている社協もある。相談付きフードパントリーや食料配付も引き続き実施している。また地域福祉コーディネーターや自立相談支援機関、生活困窮者自立支援事業、社会福祉法人連絡会等さまざまな機関と連携もみられる。

― 主な実践例 ―

○償還が滞っている人を対象に、生活状況のアンケート調査を行い、かつ、電話相談をしたい人にもプッシュ型の支援を行っている。また、出張相談会を開催し、身近な地域で相談が受けられ、かつ、受付時間も延長して参加しやすい体制で行っている。（港区）

○区民の居場所、相談場所として区内３か所にて開催している地域福祉プラットフォームを通じて、上記に係る相談が寄せられた際、貸付担当や自立相談支援機関、子ども食堂・地域食堂活動者等と連携を図りながら、状況によっては支援が定着するまで支援機関への同行支援や状況確認のための訪問、寄り添い支援を行っている。（墨田区）

○精神的に、または障害特性等から相談窓口で自身の困りごとを伝えることが困難な方も多いことから、相談内容をまとめた「相談案内票」を作成。本人が自立相談支援機関へ持参しスムーズに相談できるよう取り組んでいる。（板橋区）

○生活保護相談への同行支援や、地域で孤立している困窮世帯・住居喪失のおそれのある世帯への訪問支援も今年度は急増しており、地域福祉コーディネーターとも連携しながら支援を行っている。（調布市）

○社会福祉法人の連携事業において、生活相談と就労相談を一体的に行う「はたらく相談会」を実施。（清瀬市）

3 子育て、子ども・若者支援

課題1 子育て家庭の孤立感・負担感の顕在化

○コロナ禍に親族に手助けも求めにくく、ワンオペ育児の家庭が増加している。
○集合型の居場所や外出の機会が減り、子育て世帯の負担が大きくなっている。
○臨時休校を通じて、小中学生の給食のない夏休みの課題が顕在化した。　など

課題2 生活様式の変化による子育て家庭への影響

○会食や学習支援と比べて、食材やお弁当の配布のみでは継続的な支援が難しい。
○子ども食堂などの機能が停止し、気になる子を地域で見守る機会が減少した。
○在宅勤務の普及で新たな家事負担が生じていたり、乳幼児や家族の居場所がなくなることによって、家族関係に影響を与えている。　など

課題3 生活に困窮する子育て世帯の増加

○ひとり親家庭を中心に、生活困窮の家庭が増えている。
○親の減収や失業によって、子どもの進学機会に影響が出ている家庭がみられる。
○食料支援のニーズに応える中で、日用品や文房具の不足も浮き彫りになった。
○収入減でひとり親家庭がダブルワークになり、幼い子が遅くまで留守番している。　など

課題4 日常生活の長期にわたる変化の子どもへの影響

○コロナ禍で子ども・若者にとって人との関わりへの制限が長期化した。
○子どもの体験や経験の機会が減少し、他者との比較が想像の中で行われることによって自己肯定感が育まれにくくなっている。
○不登校や行きしぶりの児童が増え、誰にも相談できない孤立を生んでいる。
○発達障害の子がオンライン授業のため、コミュニケーションの練習ができないまま社会に出ていく。　など

課題5 小学校高学年以上の若者の世代への支援に課題

○小学校高学年から中学生のための居場所が地域に少ない。
○18歳以上の若者を支援する相談窓口が地域に少ない。
○子ども食堂のOB・OG（16歳以上）が相談できる場がない。
○高校を中退した子の居場所がない。
○不安定な就労状態だった若者が減収や離職により困窮している。
○食支援を通じて、生活に困窮する学生が顕在化している。　など

令和5年度に取り組んでいる事業がある ▶▶▶ 50 社協

（令和５年 12 月実施アンケート）

課題に対応した令和５年度の取組み

子ども食堂やフードパントリーへ CSW や地域福祉コーディネーターを派遣して相談を受ける体制を整えたり、配食事業でつながった生活課題をもつ家庭へ相談支援や情報提供を行う等、継続的につながる支援を行っている。食品配布の他、事務用品や衛生用品等を配布する動きもみられる。また子ども食堂や支援団体のネットワークをつくったり、企業等との連携にも取り組んでいる。その他、訪問支援、学習支援の場や子どもや親子の居場所づくり、交流を促す機会、多世代交流の機会を提供している。

― 主な実践例 ―

○コロナ禍の経済的ニーズに加え、食の支援ニーズもあることを受けて、区内社会福祉法人連絡会主催（当会が事務局を担う）で、令和３年度から子育て世帯を対象とした食品配付会を実施している（年間２回）。令和５年度からは、子育て分野の社会福祉法人を相談員として配置し、相談機能を加えて実施した。（新宿区）

○「すずらんスマイルプロジェクト」（豊島区）に協力し、生きづらさを抱える10代から20代の若い女性への支援の一環として生理用品の配布を実施。（豊島区）

○一般高齢者向けのふれあい粋活サロンを多世代交流ができるしくみにできないか住民の方と検討。１か所が専門学校で学生と地域高齢者のサロンを実施。１か所が町会役員が子ども向けの時間をサロンとして提供している。（荒川区）

○子どもの見守り事業を受託している。地域福祉コーディネーターのアセスメントや訪問員による食支援等を目的とした訪問を週に１回～月１回（対象者の状況による）実施し、生活状況、困りごとを確認している。（府中市）

○市内の飲食店の営業時間外に学校に行きづらくなっている子どもたちの居場所を実施。（国立市）

○民生児童委員と共に実施した夏休み食支援事業でつながった世帯の見守りの継続。（東久留米市）

4 複合的な課題

課題1 2世代、3世代や複数の世帯員にそれぞれ課題

○高齢者と障害のある子、障害のある孫のいる世帯など2～3世代に課題がわたる。
○精神的に不安定な配偶者と発達障害のある子を同時に世話している。
○ひきこもりの相談が増え、相談者である家族、本人の双方を含む世帯を捉える難しさ。
○障害のある子への親からの支援の必要が増え、その兄弟姉妹がフラストレーション。
○要介護の親の介護のために不登校となっている子どもがいる世帯。　など

課題2 複合的な課題があるとともに支援を拒否

○家賃滞納、ゴミ屋敷となっている世帯が夫婦とも病気や障害を抱えるが支援を拒否。
○家庭の状況を知られたくない世帯への対応が難しい。
○支援を拒否する家族がいるため、本人の障害や疾患に支援が届かない。
○相談したことはあるが具体的な生活支援につながらなかったので、相談をあきらめる。
○コロナを理由に訪問や通所を拒否してしまう。　など

課題3 コロナ禍による孤立や困窮が課題をより複雑化

○コロナ禍の外出や交流の自粛に伴い、高齢者の孤立化が深刻化している。
○生きづらさを抱える人たちがコロナ禍の閉塞感によって、一層孤立を深めている。
○ひとり親家庭が失業や減収によって生活困窮が深刻化している。
○オンラインや宅配で物資や食事が手に入り、人と関わりがないまま課題が複雑化。
○困窮の長期化が病気や障害の悪化を招き、重篤なケースになってしまう。
○コロナ禍の困窮を親の年金や財産に依存し、それが経済的な虐待に発展。　など

課題4 単一の機関では領域外の課題解決が困難

○分野別の相談機関が本人ではない家族の課題をどこに相談してよいかわからない。
○一つの相談機関では解決できない課題を調整し、その解決を促進する機能がない。
○つなぎ先がないまま、親が亡くなってしまうまで支援が入らない。　など

課題5 潜在化している課題が発見されずに複合化

○複合的な課題へ発展する前の課題が潜在化しており、顕在化した時には深刻化。
○自ら相談できる力を持ち得ていない世帯が多い。
○コロナ禍では対面の相談や相談につながるサロンや懇談会が減っている。複合的な課題は特にオンラインでは具体的把握が難しい。
○不登校に対応した支援ができなかったことが、長期のひきこもりへつながっている。
○負債を抱えているものの、解決策がわからず放置して新たな課題が生まれる。　など

令和5年度に取り組んでいる事業がある ▶▶▶ 45 社協

（令和5年12月実施アンケート）

課題に対応した令和5年度の取組み

地域福祉コーディネーターやCSWがアウトリーチを行い相談を受ける取組みが継続して行われている。あわせて、福祉何でも相談会や居場所づくりも実施している。また受けた相談は必要に応じて社協内の他部署・多機関等と連携して伴走的支援に取り組んでいる。その際重層的支援体制整備事業を活用している地区もある。制度のはざまにある課題等は参加支援を行ったり、地域づくりにつなげる取組みも行われている。

― 主な実践例 ―

【取組①】 地域福祉コーディネーターやCSWがアウトリーチを行い相談や課題発見を行う

○地域福祉コーディネーターがアウトリーチすることによって相談を拾う機会が増えた。（台東区）

○課題を抱えながらも支援が届いていない人、支援を受けることに拒否的な人、自ら困りごとを発信できない人へは、アウトリーチを実施し、関係機関と連携を図りながら、長期的な伴走支援を行っている。（渋谷区）

○CSWを区内8か所の拠点に配置して、アウトリーチによる支援を実施。（豊島区）

○地域つながり隊推進事業（地域福祉コーディネーターモデル配置事業：エリア限定ではあるが、アウトリーチによる個別相談・参加支援、地域づくりに向けた支援、地域と専門職等をつなげる役割を担うコーディネーター【地域つながり隊推進員】を配置し、包括的な支援体制のあり方を実装している）。（板橋区）

○地域福祉コーディネーターがアウトリーチやフードパントリー等をきっかけに、相談や課題発見の機会を増やし、ひきこもりケースを中心に個別支援を行う。（武蔵村山市）

○CSWを3圏域に1名ずつ配置し、アウトリーチを主とした関わりによって個別支援、地域支援に取り組んでいる。（狛江市）

【取組②】 社協内での連携をすすめる

○CSW事業プロジェクト（居場所・子ども支援、社福連、ボラセン、生活支援体制整備事業、権利擁護、福祉資金、高齢者就労支援、地域つながり隊推進員など社協の全ての部署が連携して、包括的な支援体制の構築に向けた取組みの検討、困難事例などの対策に取り組んでいる)。(板橋区)

○来所や電話等で社協に持ち込まれる相談の中で、明確なつなぎ先が分からない、あるいは解決すべき課題が多数ある場合には、「社協総合相談チーム」が対応している。チームは社協内の各係から選出された職員で構成し、情報収集や支援方針等を検討し、行政や関係機関、地域活動団体と協働しながら、必要に応じて直接支援も行う。(東村山市)

【取組③】関係機関とつながる(多機関協働)

○社協単独では課題解決の見通しが立たなかったり、情報が不足し他機関の関わりがどのようになっているか分からない事例については、重層事業(区主催の支援会議)に事例提出を行い、情報共有を図りながら課題解決に向けた役割分担を行うとともに、支援の方向性を検討している。また、支援会議後も継続的に支援状況等を確認する必要がある場合には、関係機関のみが集まるコア会議が適宜開催されている。(墨田区)

○問題が複合化しており関係者が多く関わっているが主たる支援者が明確にならず支援が滞ったケースがあり、CSWとして関係機関の調整を実施(北区)

○制度や福祉分野をまたがる複数の世帯員が複合的な課題を有する世帯や社会的孤立状態になる世帯、ひきこもり、文化や国籍の違いによる障壁、8050問題、生活困窮、ヤングケアラー等の相談を受け止め、多機関協働による支援体制構築を目指して支援を行っている。(調布市)

○関係機関に事業説明を行い、課題4や課題5の世帯への支援につながることができるようアウトリーチ支援を行った。単一の機関だけで支援せず、関係機関と協力して支援することで複合的な課題に対応している。(国分寺市)

【取組④】制度のはざまにある課題への取組みを行う(参加支援)

○地域福祉コーディネーターが、制度やサービスの狭間のニーズに対して、積極的にアウトリーチを行い、クライエントのもつ複合的課題に関係する相談機関への働きかけを行い、処遇方針の方向性を整理し、伴走支援を継続的に行っている。(杉並区)

○制度の狭間にある方や孤立傾向のある方に対して、CSWが居場所や子ども食堂等地域の活動への参加につながるようにコーディネートし、地域とのつながりをつくる支援を行っている。(小平市)

○CSWによるアウトリーチ支援は複合的な課題を把握し、制度の狭間にある方へ伴走支援をしている。課題を早期に発見し、丁寧な関係性を構築し、対象者に沿ったオーダーメイドの支援を実施。その支援をつなぐためにフォーマル・インフォーマルな地域の機関との連携を図っている。(国立市)

【取組⑤】個別支援を地域支援へつなげる（地域づくり）

○福祉何でも相談を通じた課題を地域で共有し、課題に対応した居場所づくりなどを進めている。（中野区）

○社会情勢や新たな社会課題に対応するため、あらゆる課題の相談を受け止め、個別の支援対応や地域づくり活動へつなげて、課題解決をフォーマル・インフォーマル資源への働きかけを行っている。（調布市）

○複合的な課題がある世帯については、地域福祉コーディネーターが中心となって、社協の各事業や各機関の既存サービス・制度からのアプローチにとどまらず、地域住民全体の課題と捉えて、支援を検討している。（東久留米市）

【取組⑥】コロナ禍で途絶えたつながりの回復

○ホームヘルプサービス（ふれあいサービス）事業にて、コロナ禍で利用・活動を控えていた会員へ個別に連絡をとり現状の確認を行うとともに支援の再開につなげた。（江東区）

○コロナ禍において人と接する機会が減少した。オンラインでも実施できるように一部サロンにおいては通信環境の整備をした。また、生活支援コーディネーターとも連携し、周知を行った。（品川区）

○コロナ禍で障害を持つ子の親同士が交流する機会が減ってしまい、サロン活動立ち上げを支援した。（瑞穂町）

5 「ひきこもり」「ヤングケアラー」にかかわる取組み

～「ひきこもり」にかかわる取組み ～

令和5年度に取り組んでいる事業がある ▶▶▶ 41 社協

（令和５年 12 月実施アンケート）

― 主な実践例 ―

【取組①】相談窓口の明確化や相談につなげる取組み

○区民の居場所、相談場所として開催している地域福祉プラットフォームにて、今年度より区にて開始されたひきこもり支援推進事業と連携を図り、区内２か所でそれぞれ月２回公認心理師の資格を持つ相談員による出張相談窓口を開設している。（墨田区）

○今年度より家族会が区からの委託を受け居場所事業を行っているが、そこで年数回行う相談事業に相談支援員を派遣する。（北区）

○福祉総合相談窓口にてひきこもりに関する相談の対応をしている。（小金井市）

○若年層に対するひきこもり支援について、社協が相談窓口となり対象世帯への訪問などを少しずつ取り組んでいく方向で進めている。（神津島村）　など

【取組②】当事者の会や家族会の運営を支援

○数年前に立上げに関わった家族会を継続的に支援している。（台東区）

○当事者家族からの相談を受け、社協内でチームを組織、相談者等と共に他市区での引きこもり家族会等の視察・調査を行う。その後、家族会設立に向けて、3か月にわたる学習講演会を企画・開催。学習講演会参加者に参加を呼びかけ、月１回の頻度で家族会を開催中。（東村山市）

○2019 年よりくにたちひきこもり家族会「ここから」を定例会として毎月１回、実施。グループ支援として家族会のサポートをしている。また、比較的アットホームな雰囲気で「親の居場所」も月１回、実施。（国立市）

○令和元年度から楽の会リーラのピアサポーターと本市在住の当事者家族と共に「家族会」の立ち上げを呼びかけ、準備会を経て家族会が発足。名称「むさしむらやま地域家族会陽だまり」。令和3年度から自主運営化（社協助成金を活用）。地域福祉コーディネーターは毎回参加し、伴走支援を行う。（武蔵村山市）　など

【取組③】居場所づくりを通じた参加支援

○地域の居場所への参加や運営側として参加することも増えている。（大田区）
○居場所として社会へのつながりづくりの機会を増やす「くらポート」を月２回開催。（杉並区）
○令和５年度よりひきこもり支援事業居場所づくり事業を荒川区より委託を受け社会福祉協議会で実施している（ひきこもり当事者の居場所「ごろリンク」）。（荒川区）
○米米くらぶと称し、居場所づくりとして寄付で貰った食料を仕分ける作業を月に１度行っている。（練馬区）
○傾聴ボランティアや当事者スタッフと協力しながら、ボランティア・センターで月２回午後の時間帯で居場所づくりの活動「ドレミの部屋」を令和５年10月より開始。（日野市）　など

【取組④】関係機関の連携を強化

○文京区で実施している「ひきこもり実務者連絡会」などに参加し、支援の仕組みの構築や周知について検討を行っている。（文京区）
○不登校のお子さんの居場所づくりをしているところをご紹介したり、SSWや学び支援員、関係機関とつなげていく等の取組みを行っている。（江東区）
○ひきこもり支援をしている団体と「三鷹ひきこもり支援者連絡会」を定期的に開催し、それぞれの団体の活動状況等について情報交換を実施。（三鷹市）
○令和５年４月から行政にも引きこもり相談窓口が設置され、情報の共有、連携を行っている。（東村山市）
○他の関連機関や、市内外のひきこもりの支援者（団体）との情報共有やネットワークづくりにむけた参画や、当事者が集える場づくりについて進めている。（多摩市）　など

【取組⑤】地域に対する理解の促進

○ひきこもり当事者・家族が潜在化しており、関わりをつくるために「ひきこもり学習会」を開催している。（目黒区）
○令和４年度に、ひきこもりサポーター養成講座を実施し、サポーターの登録・養成を行っている。（中野区）
○ひきこもりに関わる講演会を実施し、市内においてひきこもりの問題を啓発するとともに当事者会と家族会の周知を行った。（国分寺市）　など

【取組⑥】就労やボランティア活動へむけた取組み

○居場所活動におけるひきこもりの方向けの中間的就労の場づくりを住民と協働で行っている。（文京区）

○中野区内社会福祉法人等連絡会と連携し、就労体験の場へのコーディネートや地域での活動の場を拡げる取組みを進めている。(中野区)

○ひきこもり状態から一歩踏み出そうとする方へ就労やボランティアの体験を提供するため、市内の企業や農家、医療機関等によるネットワークを構築し、よりよいしくみづくりに取り組んでいる。(小平市)

○当事者会の参加者がボランティア活動や就労にステップを踏む際に、CSW が個別支援を実施。また社協で農園を運営し、当事者の方たちや市民などと野菜を収穫（ソーシャルファーム）。当事者の方たちと収穫した野菜を販売したり、市内のイベントで出展し販売を実施。(国立市)

○令和４年度より、フードバンク事業の寄付物品の仕分け作業ボランティアを実施し、当事者が参加。その他、生活支援コーディネーターと連携した脳トレドリルの製作協力・子ども食堂等の協力による出店（委託販売）・市内カフェでの作品展の実施等を支援。(武蔵村山市)　など

～「ヤングケアラー」にかかわる取組み～

令和5年度に取り組んでいる事業がある ▶▶▶ 30 社協

（令和５年 12 月実施アンケート）

― 主な実践例 ―

○文京区で実施している「ヤングケアラー実務者連絡会」に参加し、支援のしくみの構築や周知について検討を行っている。専門職や住民からの発見を受け、地域福祉コーディネーターがアウトリーチによる支援を行っている。区内の NPO 法人と連携し、ヤングケアラーのレスパイト事業の立上げを行った。(文京区)

○今年度、ヤングケアラーの当事者による講演会を、地域住民の連絡会との共催で開催した。(江東区)

○地域福祉コーディネーターが、子ども食堂を利用する“気になる世帯”にアプローチして、医療機関、関連する相談機関との連携を促し、伴走支援を継続している事例がある。(杉並区)

○令和５年８月に区内小・中・高等学校の教職員等を対象に「ヤングケアラーについて～当事者の経験から考える支援～」と題して研修会を開催した。(葛飾区)

○府中市ヤングケアラーネットワーク会議に委員として地域福祉コーディネーターが出席している。(府中市)

○ヤングケアラーの支援が行政だけでは対応できない、子どもが親の問題を抱え、誰にもSOSが出せない現状があること、そのような子どもに手を差し伸べたいという思いはあるが、現状の資源だけでは立ち行かない面があることなどを、市民の皆さんに実態を知ってもらう連続講座を市と共催で開催。今後は、講座修了生と一緒に課題や方向性を考え、共催した行政と社協が話し合いを見守り、集まりを継続しながら、市民ができることを広げていきたいと考えている。(昭島市)

1 地域活動における大学、企業等との連携

課題1 コロナ禍で活動の受け入れ先が限られる

○施設等での体験型のボランティアの機会が減少している。
○コロナ禍で地域活動に参加したいという希望があっても受け入れ先が限られる。
○コロナ禍で実習ができず、代わりに地域活動を行いたい学生からの相談が増えた。
○これまで学生ボランティアが運営を手伝っていたイベントの中止が続いている。　など

課題2 活動に制限が生じている

○課外活動を学校が制限している場合もある。
○オンライン授業で大学に集まれず、学生ボランティアのサークルの存続が困難。
○コロナ禍で困窮する学生がアルバイトの掛け持ちなどで忙しくなっている。そうした場合、ちょっとした謝礼の出せる学習支援などの活動は協力を得られやすい。
○テレワークで企業の事業所所在地における社会貢献活動が減少している。　など

課題3 活動に継続性を持たせることが難しい

○入れ替わりのある学生は年度ごとに担い手の参加状況が異なり、継続性が難しい。
○コロナ禍前に関わっていた学生が卒業。引き継ぎができず活動が途絶えた。
○コロナ禍に地域に関心を持ってくれて単発の活動で新たにつながった若年層を継続的な地域活動につなげることが難しい。
○企業の担当者が変わると対応が変わってしまうこともある。　など

課題4 地域活動と大学、企業とのコーディネート

○平日日中が中心の地域活動に若年層の参加が現実的に難しい。
○若手等に地域活動の情報を届けるツールやスキルが社協内に不足している。
○地域の個々の課題に一つの企業が柔軟に対応することが難しい。
○地域に貢献したい企業は増えているが、分野、企業、活動への考え方が企業によって異なるため、そのニーズにあった地域活動との調整が必要になる。
○コロナ禍の以前から地域活動への若手の参加は課題になっている。
○オンラインやメールのやりとりが中心になると、相互理解がすすみにくい。　など

課題5 食の支援等に関心のある企業は増加

○コロナ禍に企業等から食品等の寄付が増加し、保管や配布の調整機能が必要。
○フードバンクや子ども食堂への企業の関心が増えている。
○市内の企業から社会貢献したいという相談がコロナ禍以降に増えている。
○令和3年度は企業からの寄付が増えたが、4年度は物価高騰などで減少。　など

令和5年度に取り組んでいる事業がある ▶▶▶ 46 社協

（令和5年12月実施アンケート）

課題に対応した令和5年度の取組み

コロナ禍でニーズが増えたスマホ教室や学習支援、食支援（フードドライブ等）を継続して行っている。また5類移行後、地域での活動が活発化している一方、コロナ禍で滞った活動を再開させるための取組みもみられる。その他、地域の学校や企業と一緒に防災に関する取組みを行っている。

― 主な実践例 ―

○区内大学生ボランティアサークルのネットワークによる子どもたちの居場所「大学生と宿題を進める会」がふれあいサロン化し、毎月定例開催していくことになった。（千代田区）

○５類移行後、さまざまな企業によるサロン等への出前講座が復活し、その調整を行っている。（港区）

○地域の居場所づくりを目的とし、イートインスペースでの多世代交流イベントの開催に向けて、企業と連携し、話し合いを進めている。（墨田区）

○子どもの学習・生活支援事業において大学生がボランティアとして活動しているが、人数的にはコロナ禍前の水準に戻っているものの、活動の経験値が減少しているため、専門のアドバイザーを迎え、研修の機会を設けるなどしている。（世田谷区）

○大学等で学生の地域活動への参加を推進したいと考える動きが増えてきている。子ども食堂等のネットワーク等の地域ネットワークを活用して、学生が地域活動に参加できるしくみづくりを、大学と連携して進めている。（北区）

○令和５年12月に災害ボランティア講座として「防災まち歩き」を開催した。参加者は、地域住民、区内中学生、障害者（身体・聴覚）や近隣大学の大学生とグループになり、地域の防災・減災に役立つものを発見、共有した。（葛飾区）

○大学生など若者を対象とした「移動支援従事者養成研修」を開催。大学への出張講座を皮切りに、地域で不足している移動支援従事者を養成する研修を市内の移動支援事業所や社会福祉法人と協力して開催し、若者が週末などの時間で活動できるよう継続的に養成。（日野市）

○地域に関心を寄せる企業とは平時の連携と併せて災害ボランティアセンター設置訓練などの参加を呼び掛けている。（瑞穂町）

2 小中高生等の次世代育成や福祉教育

課題1 コロナ禍で学校からの福祉教育の依頼が減少

○コロナ禍に総合的な学習の時間の福祉教育の依頼が減っている。
○コロナ禍で地域の外部講師が学校に出向く機会が減っている。
○コロナ禍で休止後、担当していた教員の異動もあり、出前教室を行っていたことを知らずに途絶えてしまう。
○地域と連携することなく、教員が直接教えるケースが増えている。　など

課題2 コロナ禍で体験型の活動の機会が減少

○学校での福祉教育の座学は再開しているが、体験の場が減少している。
○福祉施設での夏の体験ボランティアの受入れの中止が続いている。
○体験や当事者との対面があっての福祉教育であり、オンラインでは代替できない。
○体験を実施している学校でも密にならないよう簡素化した体験になっている。
○児童・生徒が福祉施設を訪問する学習機会がなくなっている。　など

課題3 地域社会での多様な人との関わりが減少

○自治会活動や地域のお祭りが中止となり、地域での世代を超えた交流の機会が子どもたちにとってなくなっている。
○子どもたちが地域や当事者と関わる機会が減っている。
○地域や多様性を体験を通じて理解する機会が減っている。　など

課題4 地域において福祉教育の担い手の開拓が必要

○福祉教育を担ってくれているボランティアが高齢化したまま休止が続き、新しい人材が育っていない。
○講師を担ってくれる障害当事者が高齢化しているが、新たな人材を発掘できない。
○感染対策のため、少人数で実施すると回数も多くなり、担い手の負担も大きい。　など

課題5 広がりや継続性につながるプログラムが必要

○学校教育の変化に対応したプログラムの提供が必要となっている。
○前例踏襲のプログラムになりがちで、新しいプログラムの開発ができていない。
○１回だけの講座では、その後の日常的な実践につながっているのかが追えない。
○教育機関が地域の関係機関と協働せずに単独で実施する福祉学習では、イベント的になりがちでその後の地域での活動につながりにくい。　など

令和５年度に取り組んでいる事業がある ▶▶▶ 53 社協

（令和５年 12 月実施アンケート）

課題に対応した令和５年度の取組み

コロナ禍で停滞気味だった福祉学習の依頼が増加するなど、コロナが５類移行してからの変化がみられる。あわせて、オンライン学習だけでなく対面実施に切り替える活動も多くなった。

コロナ禍を経て、また時代にあわせてSDGs等の新たなプログラム開発や人材確保へ取り組んでいる。

― 主な実践例 ―

○ユニバーサルデザイン食器の体験とユニバーサルデザインについての座学など、新たなメニューの開発を行った。（新宿区）

○コロナ禍では福祉授業の依頼も大幅に減少したが、徐々に入るようになっている。夏体験ボランティア事業では施設での体験ができなかったため、登録ボランティア団体の協力を得たり、在宅でできるボランティアメニューを作ったりして活動を確保した。今年度からは施設での体験が復活している。（墨田区）

○コロナ禍から、現在は少しずつ学校からの福祉教育の協力依頼が増加している。これを機に新たなニーズに基づいた新しい形の福祉教育の展開についても検討している。（大田区）

○コロナ禍に福祉学習の動画を作成したが、対面でのプログラム提供にあたっての事前学習資料などとして活用してもらっている。（北区）

○教育委員会の依頼で市内小中学校若手職員を対象とした福祉体験研修会が実施でき、若手教員とのつながりができた。（府中市）

○これまで自主事業で実施してきた「福祉体験講座」に加えて、市から「福祉教育ハートフルプロジェクト」を受託。障害理解を軸としながらも地域共生を意識した、より連続性やストーリー性、広がりを持たせた福祉教育を実施できるようになった。（日野市）

○自治会の防災訓練に中学生の参加を受け入れるなど、学習、体験の場を増やす取組みをしている。（福生市）

○学校ではSDGsをよく学んでいることもあり、フードロスという観点からフードドライブの出前講座の依頼をいただき、車いす等の体験以外でも学校と関わりができた。（武蔵村山市）

Ⅱ

地域課題に対応した区市町村社協の取組み

取組みを掲載している地区一覧

※取組みの内容及びご紹介している皆様の部署・肩書きは、取材当時のものです。

■地域活動における大学、企業等との連携の取組み

取組 8 【清瀬市社協】

地域の関係団体とつくる子どもたちの居場所
～大学生・保育園・民生児童委員・社協のつながり～ …… P.56 ～ 59

■複合的な課題に関する取組み

取組 6 【東久留米市社協】

社協とサポーターでつくるひきこもり支援の輪 …… P.46 ～ 49

■複合的な課題に関する取組み

取組 5 【小金井市社協】

いつでもある居場所～そこからの地域とのつながり～ …… P.42 ～45

■子育て、子ども・若者支援に関する取組み

取組 2 【江東区社協】

サテライト × 多機能型地域福祉活動拠点
→→みんなで子育て！ …… P.30 ～33

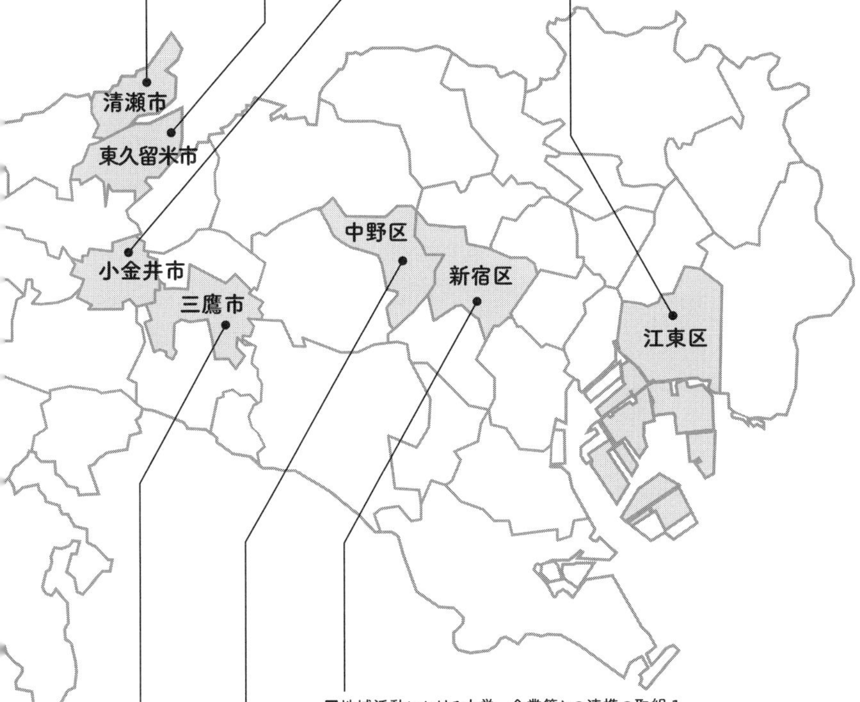

清瀬市
東久留米市
小金井市
三鷹市
中野区
新宿区
江東区

■地域活動における大学、企業等との連携の取組み

取組 7 【新宿区社協】

企業と社会福祉法人の力を活かして地域をつなぐ …… P.50 ～ 55

■外国籍居住者に関する取組み

取組 1 【中野区社協】

外国籍の住民を支援する居場所と地域とのつながりづくり …… P.26 ～ 29

■小中高生等の次世代育成や福祉教育の取組み

取組 9 【三鷹市社協】

たのしくボランティアモチベアップ！多様な福祉教育の取組み …… P.60 ～ 63

【中野区社協】

外国籍の住民を支援する居場所と地域とのつながりづくり

#外国籍居住者支援 #居場所づくり #地域団体との連携

中野区社協では、外国籍居住者が多い団地を拠点として、2つの支援団体と協力した外国籍居住者の居場所づくりをはじめ、防災をテーマにした活動など外国籍居住者との交流に取り組んでいます。地域住民とのつながりをつくるための工夫をしながら支援をすすめている取組みを紹介します。

左から、
HATI JAPAN代表理事　東谷 知佐子さん
中野区社協経営管理課長　小山 奈美さん

コロナ禍で顕在化した外国籍居住者の課題

中野区社協では、生活福祉資金特例貸付の相談の2割が外国籍の方でした。日本語の書類が読めない、制度が理解できないという課題に加えて、地域の日本人とのつながりがないために地域の情報が入ってこない、利用できるはずの支援につながりにくいということもわかりました。また、中野区社協が実施している「福祉何でも相談」にも外国籍居住者に関する相談が寄せられており、外国籍居住者が地域とつながるための居場所の必要性を感じていました。そこで、令和3年9月に外国にルーツがある子どもたちの居場所を作ることをテーマにした講座を実施しました。講座は、多文化多言語の子どもの発達支援を行っている「NPO 法人 HATI JAPAN」と「中野区国際交流協会」に協力を依頼し、外国籍居住者が多い地域である「鷺宮西住宅」の集会室で開催しました。講座開催後、講座参加者も加わり、半年にわたって定期的にミーティングを行いながら居場所づくりを始め、令和4年4月から、鷺宮西住宅の集会所で、毎週月曜日に外国籍居住者の居場所を実施するようになりました。居場所は、講座に協力いただいた「NPO 法人 HATI JAPAN（学習支援）」と「中野区国際交流協会（日本語教室）」が隔週交代で開いています。

外国にルーツがある親子を支援する居場所「げつよう②・④ひろば」

NPO 法人 HATI JAPAN は、以前から中野区内で外国にルーツがある子どもの発達支援やその保護者の支援を行ってきました。今回の居場所で開催している「げつよう②・④ひろば」は外国にルーツがある子どもの「学習支援」の場としていますが、必ず勉強をしなければいけないわけでなく、参加している親子はスタッフと遊んだり、話をしたり、思い思いに過ごしています。決まったプログラムを用意している場所ではありませんが、ただのたまり場でもありません。HATI JAPAN 代表理事の東谷知佐子さんは、**「支援をする居場所」である**ことを意識していると言います。居場所終了後には、毎回スタッフ、ボランティアで集まり、その日の参加者の様子について全員で振り返りを行っています。複合的な課題を抱えていると、分野別の相談窓口では対応が難しくなりますが、HATI JAPAN では、課題ごとではなくひとりひとりをトータルな視点で見て支援をしています。スタッフ、ボランティアには、資格を持った専門職もいますが、先の講座の参加者や中野区が実施している「なかの

生涯学習大学」の受講者など、さまざまな方がいます。ボランティアであってもHATI JAPANが大事にしている視点を共有して、参加者に関わってもらうようにしているそうです。

居場所の参加者は、さまざまな困りごとを相談していきます。親同士もよく話をしています。その中から、相談窓口では提供されない情報が得られることもあります。日本人なら自分の経験や親同士のつながりの中で知っている学校のシステムが理解できない、学校の書類の内容がわからないなど、困っていても誰に聞いたらいいかわからない外国籍の保護者もいて、居場所が学校との間をつなぐ役割を担ったこともあります。HATI JAPANでは、外国にルーツのある親子が安心して過ごせる居場所、ちょっとした困りごとを話せる居場所を目指して、「げつよう②・④ひろば」を運営しています。

地域の中でつながりあうことを目指して

鷺宮西住宅があるエリアは、区内でも多くの外国籍の方が住んでいる地域ですが、これまでは、日本人と外国籍居住者の接点はほとんどなく、お互いを理解する機会も少なく、住民トラブルに発展すること

げつよう②・④ひろばの様子

もあったとのこと。民生児童委員も交流や支援の必要性を感じており、中野区社協も地域の会議などで、鷺宮西住宅の現状を聞いていました。また、この地域は区の中心部から離れており、区役所や社協をはじめとした各機関、窓口へ相談に行きにくいことが課題になっていました。そのため、中野区社協としても、兼ねてから、地域の中で支援をしていく必要性を感じていたと言います。今回、最初に地域住民を対象に居場所づくりの講座を開催したのは、**居場所を継続していくのに「近くのスタッフ」が必要**だと考えたからでした。

居場所づくりをはじめ、防災をテーマにした活動など外国籍居住者と交流を図る取組みを進めたことで、団地内でも外国籍居住者との関係に変化が見られています。防災訓練を外国籍居住者も参加しやすいように工夫しながら開催し、多くの方が参加してくれました。また、高齢者が多くて大変になってきた団地内の落ち葉掃きを、野方警察署の協力により、参加特典のイベントを行って外国籍居住者に声を掛けました。「げつよう②・④ひろば」にも当事者だけでなく、地域のさまざまな方が集まってきます。例えば、防災訓練に参加した警察の方が居場所のことを知り、警察も地域とつながりを持ちたいと居場所に参加してくれるようになりました。

中野区社協では、地域の関係機関に居場所を知ってもらい、居場所と支援が必要な人たちをつなげてもらいたいと考え、令和5年5月に関係機関向けに「外国ルーツの方々の『居場所』づくり一周年記念報告会～『居場所』で育つネットワーク～」を開催しました。これからも、居場所づくりを通してできたつながりから「グローバルなネットワーク」を地域の中につくっていきたいとのことです。

（取材日：令和5年9月25日）

【江東区社協】

サテライト×多機能型地域福祉活動拠点→→みんなで子育て！

#子育て支援 #多世代交流 #居場所づくり #地域住民

江東区社協では自身の子育て経験を活かして多世代交流の活動を行いたい地域住民からの相談をもとに「多機能型地域福祉活動拠点」の立ち上げ助成を行いました。拠点を通じ、地域住民や関係機関との連携をすすめている取組みを紹介します。

左から、
地域福祉推進課長　古川 謙也さん
たまりば どんぐりの皆さん
サテライト城東北部　栢沼（かやぬま） 裕美さん

子育て仲間と得意を持ち寄る居場所づくりへ

江東区社協では平成28年度から地域福祉コーディネーターの配置がされ、同時期に「空き家を活用して地域の居場所をつくりたい」という相談をきっかけに「すなまち よっちゃん家」を立ち上げました。これを契機に、**住民主体で多世代が交流でき、地域の課題解決に取り組む居場所活動を「多機能型地域福祉活動拠点**」とし、この拠点の運営に対する助成を開始しました。令和３年８月に３か所目として立ち上がったのが「たまりば どんぐり（以下「どんぐり」という。）」です。

どんぐりの特徴は、①自身の子育ての経験がきっかけ、②町会会館の活用が挙げられます。代表の尾辻美枝さんは、子育てをする中で地域とのつながりが希薄になっていることを感じ、「多世代交流が必要だ!」と仲間とともに活動の展開を考えていたそうです。社協がその相談を受け場所を探していたところ、町会会館をお借りすることができました。町会会館が十分に活用されていなかったこと、町会も新たな担い手を求めていたことから話が進み、最初の相談から半年後には活動を開始しました。どんぐりの利用をきっかけに町会会館に入る子も増え、掲示物を見て「おじいちゃんの名前がある!」と喜ぶ子もいるそうです。自然と町会活動を知り、地域の方々とのつながりができているとのこと。取材の最中には近隣の住民から物品の寄付を受け取る場面も。運営するメンバーだけでなく、地域住民も「できる人ができることで貢献する」ことが受け入れられていました。

新たなサテライトにおける江東区社協の取組み

地域福祉推進課長の古川さんは、「これまでの社協は子育て支援にあまり力を入れてこなかったのですが、転換点を迎えてきていると感じます。そもそも福祉はあらゆる世代が対象なので、子育て支援においては区の子育て部門や子ども家庭支援センターとの連携を進めていけたらと思います」と話します。

江東区社協では、令和5年7月に「サテライト 城東北部」を開設しました。どんぐりの運営支援も、このサテライトに勤務する地域福祉コーディネーターが担います。城東北部担当の地域福祉コーディネーターである栢沼さんは、「相談があれば気軽に訪問ができたり、住民がふらっと立ち寄って相談してくれたりしています。**拠点ができてとても動きやすくなりました**」と話します。実際に助産師や看護師の資格をいかしたいとい

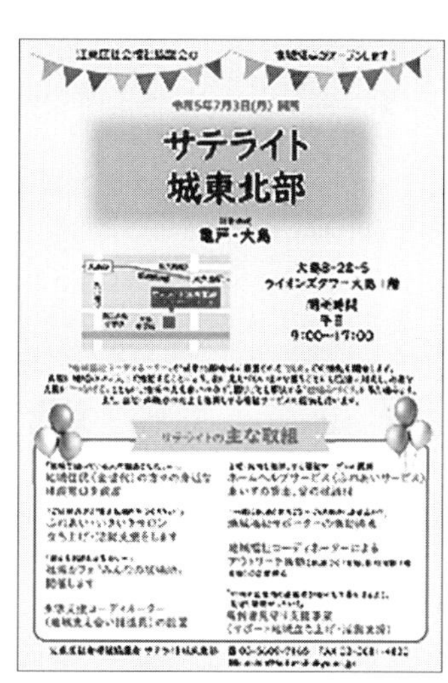

う相談を受け、地域での活動につなげた例もあります。サテライトの認知度を高めるために福祉施設や関係機関を訪問したり実際に見ていただいたりしており、今後より連携がとれるよう働きかけているとのことです。

今後の取組みはいかに?

どんぐりの運営にあたっては「多機能型地域福祉活動拠点」への助成を活用しており、ワークショップの備品の購入、駄菓子の仕入れに使用しているそうです。「もっとやりたいことがあるので、引き続き支援してもらえると嬉しいです」と尾辻さんの展望に対し、古川さんは「助成金は社協の自主事業ですので、財源の確保のためにさまざまな工夫をしていこうと思います。どんぐりの活動を応援できるようにがんばります!」と話されていました。

現在江東区社協では地域福祉活動計画を策定していますが、まちづくりひろばでは「集える場所がほしい」という声が多数挙がっているそうです。社協の会費や寄付金が子育て支援につながる拠点に活用されていることが目に見えてわかると、住民一人ひとりがより「できることで貢献したい」と思えるような循環ができるのかなと思いました。

通りを曲がってすぐに位置する町会会館。
帰ってきた子どもたちに「おかえり」が言える絶妙な立地です。のぼりが目印!

どんぐりがある地域とは別の臨海エリアは、区内でもとくに子育て世代が増えています。ボランティアに興味がある保護者が増えてきていると感じるので、保護者のネットワークを使って何かできないかと考えています。その地域らしい活動のタネがどんどん芽吹くようにがんばります！
（地域福祉推進課地域支援 係長　森本 朝子さん）

（取材日：令和５年12月22日）

【 立川市社協 】

親子をまるごと支えていく

～地域の拠点で行う気になる子どもたちを見守るトワイライト事業～

#子ども支援　#居場所づくり　#主任児童委員　#他機関との連携

立川市社協では、市と共に設置をすすめている地域の拠点「地域福祉アンテナショップ」で気になる子どもたちを見守るトワイライト事業を行っています。地域の関係者や関係団体と一緒に子どもだけでなく家庭全体を支える取組みを紹介します。

左から、
立川市社協 地域福祉 Co　丸山 あかねさん
主任児童委員　植益 志保子さん
主任児童委員　杉本 みちるさん
立川市社協 地域活動推進課 地域づくり係長
小山 泰明さん

事業立ち上げから現在まで

2016年2月、立川市社協が参加をしている立川市子ども・若者自立支援ネットワークが「子どもの貧困」をテーマに研修会を実施しました。それをきっかけに、羽衣町・錦町のエリアでは、主任児童委員と継続的に子どもの支援について話し合いを実施しました。そのなかで2018年から始まった活動が「子どものトワイライト事業」です。はじめは、**両親が共働き世帯の子どもの孤食の課題に対応することを目的**にスタートしました。

開始時はアパートの一室で行っていましたが、取り壊しにより学習館等へ会場を変更しながら開催を続け、現在は週1回17時～20時まで、「地域福祉アンテナショップ」の「はねきんのいえ」で開催され、未就学児から中学生の子どもたち数名が通っています。時々この事業を卒業していった子どもが立ち寄って話をしに来てくれることもあります。学校の長期休みの期間にはトワイライトではなく、朝食を一緒に食べる等の週１回の見守りに切り替えます。また、地域のイベントに誘うなど思い出づくりに一役買うこともあります。

運営は主任児童委員２名と立川市社協の地域福祉 Co ２名が中心となっています。１日の最後には振り返りの時間を設け、子どもたちの様子を共有しています。

【 地域福祉アンテナショップ 】

身近な場所で、誰でも相談でき、ふらっと立ち寄れる場所。

立川市内に「全部型」と呼ばれるおおむね週２～３日開設しているものが４か所、「協働型」と呼ばれるおおむね月２日以上開設しているものが９か所ある。立川市地域福祉計画及び地域福祉市民活動計画（あいあいプラン21）では「地域福祉アンテナショップ」の設置が重点推進事項になっており、立川市内全域での設置がすすめられている。

はねきんのいえ外観

さまざまな子どもの環境やコロナ禍を経て

子どもの孤食を解消することをきっかけに始まった事業ですが、地域の子どもたちのさまざまな背景やコロナ禍もあり、だんだんと利用する子どもたちの様子に変化がみられています。運営を担うスタッフの皆さんは「当初は子どもだけ、という意識でしたが、**子どもを支援するには家庭全体を見ていかないといけない**という認識に変化していきました」と口を揃えます。

例えば、親がお酒を飲んでから迎えに来たり、トワイライト事業に来ていない幼いきょうだいが夜ご飯を食べていない家庭がありました。スタッフ同士で話し合い、その親御さんと幼いきょうだいも含めてトワイライト事業で夜ご飯を食べることを提案しました。親御さんには子どもとの関わりが分からないという悩みがあり、スタッフはまずその悩みを受け止め、子どもとどう接して行けばよいかを一緒に考えていきます。

また不登校の子どもが来てくれた時には、トワイライト事業が外に出るひとつのきっかけとなり、学校に通う時間が少しずつ長くなってきたという嬉しい出来事がありました。

はじめは試し行動をとる子どもも多いですが、継続して通っているうちにご飯を食べられるようになったり甘えるようになったりと子どもの姿は変わっていくと言います。年単位で関わりながら、**家庭のそのままの姿を受け入れ、親子をジャッジしない姿勢**を意識しながら支援しています。

地域の関係機関と一緒に

トワイライト事業はクローズドの場所として、主任児童委員、児童館、学童保育所、学校の養護教諭等の関係者・団体から「学校の遅刻が多い」や「幼いきょうだいの世話をしているようだ」等の地域で気になる子どもをつなげています。現在は開始から５年が経過し、地域の関係機関への認知度も上がり、小学校の養護教諭から直接連絡が来たり、小学校の校門前であいさつ活動をしている子ども会の会長からの「いつも遅れてくる子どもがいる」「最近暗い顔をしている子どもがいる」という情報から、学童や児童館にその子どもの情報を聞いて参加につなげることもありました。

オープンな場でないので、この事業に誘う際には最大限配慮していると言います。「どうしてうちの家庭を誘うのか？」という不信感をぬぐい、安心して通ってきてもらえるよう**「親御さんに楽になってもらいたい」「この場はお父さんお母さんの味方である」という思い**を伝えながら関わり、この場においでと言える関係性をつくるまでに１年かかることもあるそうです。

また地区内には児童養護施設等を運営している至誠学舎立川があり、児童養護施設の施設長や心理士がこの事業に関わってくれています。スタッフが相談することもあり、大変助かっているそうです。そのほかに看護系や教育系の大学生のボランティアも来てくれています。参加している子どもたちにとっては少し先の将来を考えるきっかけとなると同時に、大学生たちも自身の貴重な経験としてくれているそうです。しかし、大学生は資格取得のため３・４年生になると忙しくなることが多く、今後はボランティアの確保が課題となっています。最近では近隣の通信制の高校生がボランティアに来てくれる関係が新たにできたそうです。

今後目指すものとは

主任児童委員のおふたりは「今後中学生の居場所づくりを考えていきたい」と話します。特に不登校の中学生の日中の居場所や学習支援等、貴重な３年の中学生生活のあいだにこれから生きていく術を一緒に模索してくれるような場所の必要性を感じているそうです。

また地域福祉 Co の丸山さんは「子どもたちのステージに合わせた地域資源をつくっていきたい」と語ります。小学生には地域とのつながりづくりや体験学習、中学生には進学相談や学習支援ができる場、高校生には働くことのイメージがわくような職場見学等の場があるといいのではと考えています。ただ、これらのことはトワイライト事業でできることではなく、立川市社協には 12 名の地域福祉 Co がいるので、別地区の Co とも連携しながら、**さまざまな課題をもつ子どもたちをネットワークで見守り送り出す関係づくりを目指したい**と言います。あわせて立川市社協地域づくり係長の小山さんは「立川市全域でみてもこのトワイライト事業はとても貴重な資源となっている」と話します。トワイライト事業を起点としながらさまざまな地域資源につなげられるようなネットワークづくりをすすめていくことを目指します。

（取材日：令和５年 12 月 26 日）

複合的な課題に関する取組み

【八王子市社協】

「はちまるファーム」における生きづらさを抱えた方の支援

#農地活用　#居場所づくり　#重層的支援体制整備事業

八王子市社協では、重層的支援体制整備事業（以下、重層事業）の参加支援事業で、農地を活用した生きづらさを抱えた方のゆるやかな居場所「はちまるファーム」を開催しています。この居場所は、相談を受けたあとの社会参加の場の必要性から作られました。

左から、
八王子市社協 支えあい推進課
CSW　久住 雄太郎さん、
課長　大島 和彦さん、CSW　村上 萌さん

「はちまるファーム」ができるまで

「はちまるファーム」は、八王子市内の農地の一画で、**さまざまな生きづらさを抱えた方が農作業をしながらゆるやかに過ごすことができる居場所であり、重層事業の参加支援事業**に位置づけられています。毎週木曜日の午前中に開催しています。八王子市社協では、重層事業が始まる以前の平成30年頃から、農地を活用した居場所活動を模索していました。「はちまるファーム」があるエリアは、もともと地域活動が活発で住民の協力を得られやすく、農地が多い自然豊かな地域です。現在「八王子まるごとサポートセンター（以下、はちまるサポート）」となっている地域福祉推進拠点に配置されていたCSW（コミュニティ

ソーシャルワーカー）と生活支援コーディネーターが、参加の場がない方をつなげたいと考え、地域の農家とつながりづくりをしてきました。コロナ禍で一度取組みが中断しましたが、その後、自らも農家である民生委員からの紹介で、畑の福祉的利用に関心を示した農家の方とつながり、令和２年度末から「はちまるファーム」の立ち上げに向けて動き出しました。まず、八王子市社協の職員が農地に出向いて農作業を学び、農家の方との関係づくりに努めました。ほかにも、農地を地域の居場所としていくには、さまざまなハードルがありました。居場所として作業を実施しているのは週１日ですが、農地は毎日誰かしら作業を行う必要があります。最初は、受け入れ側の農家の方と社協職員を中心に作業する状態が長く続きました。次第に地域ボランティアなどの協力を得て、それぞれの立場の負担を減らしていけるようになりました。誰も行けない日には地主の農家の方が作業をしてくださり、その協力が欠かせません。また、農地にトイレがないという問題もありましたが、近くの社会福祉施設が貸してくれることになりました。今では、施設の利用者もときどき農作業を行っています。試行錯誤の中で始めた令和４年度は、年度途中の10月からの開始で延べ23名の参加でしたが、令和５年度は、12月時点で４年度の３倍近い延べ参加人数（5年度は支援団体からの参加者も含む）となっています。

重層的支援体制整備事業と「はちまるサポート」で対応する相談内容

八王子市社協のはちまるサポートに寄せられるのは、以前は多くが高齢者からの相談でした。現在は50～60代の方からの相談が増加しており、長期に離職していたり社会的に孤立している状況が伺えます。これは、八王子市が重層事業を始めたことで、「はちまるサポート」の役割が明確になったことによると支えあい推進課CSWの村上さんはいいます。重層事業を受託したことで、ひきこもりや不登校をはじめ、複雑化、複合化した課題を抱えた方の相談先として、関係機関から

も「はちまるサポート」が認識されるようになってきました。特に要保護児童対策地域協議会のメンバーに入ったことで、子ども家庭支援センターとの関わりも深まり、養育家庭への支援に取り組みやすくなりました。現在、はちまるファームを利用している方の内訳は、不登校が３割強、ひきこもりが１割、生活困窮が２割で、各支援団体や相談窓口からつながるものが多く見られます。残りは、ひきこもっているわけでも、直ちに生活に困窮する状況になっているわけでもありませんが、人とのつきあいがない状態の方を「孤立・孤独」という分類にしており、一番多い４割弱となっています。自ら窓口に訪れることはなく、周囲がCSWに相談してつながったケースがほとんどです。このような方の参加の場が地域には少ないため、相談を受けた先が詰まってしまうと感じていました。農地を活用した居場所は、もとは就労に近い形を目指していましたが、生きづらさを抱えている方を農作業の担い手とするのは、受け入れ側の農家の方にとって不安が大きいことがわかりました。さらに、社会的なつながりがない人や長く就労していない人の相談を受けることが多くなる中で、**必要とされているのはゆるやかな社会参加の場**だと感じ、今の「はちまるファーム」の形をつくってきました。

「はちまるファーム」とこれからの支援

農地を活用した居場所は、土に触れる作業だけでなく、看板を作ったり、収穫した野菜を調理したり、ほかにもさまざまな工程があるので、自分にあった作業を見つけることができます。最初は、どのような人が参加するのかと不安に思っていた農家の方も、今では、利用者の作業を褒めてくれるようになりました。ボランティアや近隣の施設などとのつながりもでき、地域の中の理解者も増えたと感じています。市内のほかのエリアにも、同じように農地を活用した居場所がつくれるといいのですが、軌道に乗せるまでの職員の負担が大きく、容易く手を広げられないのが悩みだと支えあい推進課長の大島さんはいいます。

今は、収穫した野菜は自分たちで調理をして食べるか、地域の子ども食堂などの団体に渡しています。団体に持っていくのは職員なので、当事者に自分たちが育てた野菜が活用されているところが見えにくいのが課題です。支えあい推進課CSWの久住さんは、今後は販売など何かの形で当事者に結果が還元できるといいと考えています。

はちまるファームには、各支援団体の方や不登校児の親も参加しており、支援団体同士や親同士の交流の場にもなっています。今後、はちまるファームでの交流をきっかけにしたグループ化の可能性もあります。はちまるファームへの参加がスタートの利用者が多いので、今は無理にその先につなげなくてもいいと考えていますが、今後、福祉事業所に行ってみたい、就職したいという希望があればそこに伴走し、それぞれの利用者にあった形のサポートをしていきたいと思っています。

（取材日：令和5年12月18日）

【小金井市社協】

いつでもある居場所 ～そこからの地域とのつながり～

#ひきこもりがちな方への支援　#居場所からつながる

小金井市社協では、ひきこもりがちな家族等がいる方の居場所と当事者が集まる居場所を開催しています。制度のはざまにいる人々を居場所を通じて地域につなげていく取組みを紹介します。

左から、
地域支援係長　石塚 勝敏さん
主任相談支援員　田部井 由美子さん

きっかけ

平成28年から、小金井市社協のボランティアセンターでは、ひきこもりについての取組みをしていました。当時はひきこもりについて２名の相談員による、月に１回の相談会が開かれていました。そして、生活困窮者自立支援制度が始まり、社協内に福祉総合相談窓口（小金井市自立相談サポートセンター）が設置されるとともに、福祉総合相談窓口にはさまざまな相談が入り、相談の中からひきこもりの課題が発見されることもありました。現在、ひきこもりに関する相談は包括化推進員の職員２名が主に担当しています。電話相談が多いですが、最終的には窓口に来ていただき顔を合わせながら、じっくり話を聞いています。

2つの居場所

ひきこもりで悩む家族が集う「小金井ひきこもり家族会（COCONE）」が、平成30年12月に小金井市内在住の当事者家族により立ち上がり、学習会と家族交流会が隔月で開催されるようになりました。そのなかで、令和2年10月から生活困窮者支援の自立相談サポートセンターが福祉総合相談窓口に切り替わるときに、月1回の相談会を終了し、福祉総合相談窓口でひきこもりに関する相談に常時対応することになりました。そして、ひきこもりがちな家族を抱える親やきょうだい、親族などを対象とした家族が集う居場所を社協でも毎月開催するようになりました。常設の相談を受け始め、「ひきこもりの相談も受けられる」という看板を掲げたことにより相談が増え、ひきこもりの当事者ともつながるようになりました。次第に、当事者の中から「集まる場所があれば」と話が出るようになり、令和3年6月より、当事者が集まる居場所も始まりました。

■ 家族が集う居場所

家族が集う居場所は、「ひきこもりで悩む家族が集う場所」という名称で、毎月第2火曜日の午前中に開催しています。60～70代の母親の参加が多くみられます。基本的には参加者主導で、それぞれの近況など、自由に思っていることを話せる雰囲気を大事にしています。「何も企画しないところに良さがある」と話すのは地域支援係長の石塚勝敏さん。シンプルなかたちで参加してみて、悩みを話せる居場所。**ここでは話しても大丈夫だと感じられる居場所**。そういった「安心感」を大切にしているとのことでした。職員2名も同席していますが、その場を見守るようにしているそうです。

■ 当事者が集まる居場所

当事者が集まる居場所は、「居場所プロジェクト in KOGANEI」という名称で、毎月第1火曜日の午後に開催しています。こちらは、ひきこもりがちな方だけに限定せず、不登校を経験した方や生きづらさを感じている方など、当事者であればどなたでも参加できます。市内・市外を問わず、年齢制限もありません。参加者は主に5人前後の日が多いですが、人数に関わらず開催しています。立ち上げ時は声掛けをした方の参加がメインでしたが、現在は権利擁護センター事業や就労支援からつながった方、地域とのつながりを持ち始めてアルバイトをしている方など、居場所があることで多様な方が集える場となっています。「**参加条件に制約がないため、色々なタイプの方が参加しているが、意外と参加しやすい**ように見受けられます」と話すのは、主任相談支援員の田部井由美子さん。家族の居場所と同じように、基本は参加者主導とし、職員2名はフォローする程度。自由にワイワイしているときもあるとのことでしたが、同時に、家族との関係性や距離感など当事者の会から初めて見えてきたこともあります。

～ 地域とのつながり ～

居場所があるから先の支援につなげられる。その一つに、"農園ボランティア" があります。

地域で農園をもっている民生委員で町会長の方とつながっています。農園での雑草取りなどの農園ボランティアとして1時間程度の活動に参加すると、必ず一品 "おみやげ" がもらえます。居場所の参加者に声掛けをしてみたところ興味を示してくれる方がおり、ボランティアにつながっています。

また、地域の商店街とのつながりのなかで、「長時間でなくても働いてくれる人が欲しい」との声があり、ステーキ屋さんにて少しずつ役割を担いながら、1年半ほど継続して働いている当事者の方もいるとのこと。

こうして色々な人が見守りながら、居場所をきっかけに力を蓄え、自然体で地域に出て、地域とつながり始めている人も出てきています。「細い線を徐々につなげていきながら、社協もつながりを広げていける」と石塚さん。**居場所から人が地域につながっていく、そして社協も地域とつながっていく**。当事者の居場所の今後についても、「変わらないスタンスで続けていくことが大切」と考えています。

そのほかにも、日頃の相談などで受ける課題を取り上げ、地域の居場所づくりに興味のある方も参加できる「地域の居場所づくり講座」を毎年開催しています。

地域の課題に向き合うコトとは…

個別相談の内容は多岐にわたります。「一人ひとり違っている。一人ひとりの話に寄り添い、つなげられるものがあれば、一人でも多くの方をつなげたい」と、田部井さん。そのためには日々の経験の積み重ねや繰り返しが大切と話します。

社会をより良くするためにさまざまな法や制度ができている。しかし、どうしても制度からこぼれてしまう人が存在する。「なかなか社会に馴染めず、難しい人がいる。そのような方を受け止めて、先につなげていくことに意義がある」と石塚さん。そのなかで、これらの居場所はあえて変化しないことが大事。たとえ、一度居場所から離れても、ふと「また戻りたい」と思ったときに、変わらずいつでもある居場所。『紹介してもらったけれど、行くのをずっとためらっていた。でも、いざ行ってみたら話ができた。聞いてもらえた。行って良かった』と、少しでも感じてもらえればと良いとのことでした。

ちょうど、取材に伺った日は、「1日金魚を預かってほしい」との依頼があり、社協事務所内に金魚が預けられていました。たとえ、なんともならないことだったとしても、なんとかしていこう。こうした取り組む姿勢や意識の大切さを感じました。

（取材日：令和5年8月18日）

複合的な課題に関する取組み

【東久留米市社協】

社協とサポーターでつくる ひきこもり支援の輪

#ひきこもりがちな方をもつ家族への支援　#地域団体との連携

東久留米市社協では、不登校やひきこもり、生きづらさを抱える方々への支援を行っている市内５団体とともに、ひきこもり家族会を立ち上げました。さまざまな団体に“サポーター”として関わってもらうことで、市内のひきこもり支援に関するネットワークも強化されています。

左から、
東久留米市社会福祉協議会　大澤 康規さん
地域福祉コーディネーター　天野 博美さん
ひきこもり家族会運営メンバーの皆さん

地域課題からひきこもり家族会立ち上げまで

東久留米市には、不登校を考える会や生きづらさを抱える方への学びの場、フリースクール、障害者就労支援団体など、不登校やひきこもり、また、生きづらさを抱える方々に向けた活動団体が複数ありました。

しかし、市内にひきこもり家族会はなく、社協と行政との定期的な打ち合わせでは、自立相談支援事業や地域福祉コーディネーターの個別支援の状況から、**ひきこもり当事者と家族が孤立しているという課題**が共有されていました。そのため、年齢や障害の有無に関係なくひきこもりについて悩みを話し合える場、そして、当事者家族同士が知り合い、情報を得られる場が必要とされました。

そこで、支援者とのつながりが要になると考え、地域福祉コーディネーターが、不登校やひきこもり、生きづらさを抱える方々に向けて市内で活動されている団体に話を聞いて回ったといいます。すると、みなさん家族会のような場が必要だと考えており、社協と市内の関係団体がともに支援する場として「ひがしくるめ ひきこもり家族会」を立ち上げることとなりました。

立ち上げに向けて、最初から決めごとをするのではなく、どのような家族会にしたいのか、関係者の思いを汲み取り、話し合いながら準備をしてきたといいます。関係団体の活動はさまざまで、対象者も異なりましたが、全員が地域の福祉課題を考え同じ目的をもって進めてこられました。そして、**参加者が安心して話せる分かちあいの場**にすること、また、そこから**情報を得て次につながる場**にすることを目標に、令和2年12月からひきこもり家族会準備会をスタートしました。その後、令和5年度より準備会を取り、主催は地域福祉コーディネーター事業として継続しながら、運営メンバー（家族の有志、サポーター、地域福祉コーディネーター）による開催となりました。

ひきこもり家族会が暮らしの支えに

家族会には、毎回10～20名程度の方が参加されています。年齢層は幅広く、20代から80代まで、小学生から60代のひきこもり状態の方のご家族や当事者が来られています。毎回来られる方や生活に変化があった時に報告に来られる方など、自分のペースで参加できる居場所になっています。そして、家族会では親戚や友人には話しにくいことも打ち明けやすく、喜びや苦しみを共有することで、家族自身が元気を取り戻し、ご家族とご本人の暮らしを支えています。定期的に家族会を開催し、活動を継続していることで、いつでも話に行ける場所があるという安心感につながっているのではないかと話されます。

サポーターの存在

「ひがしくるめ ひきこもり家族会」は、立ち上げから関わっている、NPO法人オニバスの種 どじょっこの会（登校拒否・不登校を考える東久留米の会）、一般社団法人Polyphonyリカバリーカレッジ・ポリフォニー、小さなフリースクール・ひらけごま！＆だがしやかなん、社会福祉法人椎の木会 東久留米市障害者就労支援室あおぞら、一般社団法人 ひきこもりUX会議の5団体が、サポーターとして参加しています。

そして、今年度から偶数月は家族とサポーターで運営し、奇数月は地域福祉コーディネーターも一緒に運営をしています。東久留米市社協は地域福祉コーディネーターが1名であるため、サポーターの存在は家族会の運営に欠かせません。

サポーターは、参加者の年代やひきこもり状態の家族との関係性を考慮して、当日のグループ分けをし、家族会が終わった後には気になった方に声をかけ、地域資源の情報を伝えたりとさまざまな働きかけをされています。さらに、家族会参加者がサポーター所属団体の活動につながるケースも多いといいます。

ひきこもり家族会が入り口となり、参加者の関心にあわせて、その後つながれる活動があること、また、行政と関わりのある社協が運営に携わることで、公的機関につながっている安心感が参加者を孤独にさせず、大きな後押しとなっているのではないかと話されます。

また、参加者の多くが「自分だけだと思っていた」「こんなことを話していいのか」「ひきこもりというけれど、まったく外に出ていないわけではなく対象外になるのではないか」と不安を抱えながら来られるといいます。今回取材させていただいた運営メンバーの方々は、「主人公は来てくださったご家族であり、この活動はご家族の最初の一歩。参加者の期待を裏切らないように、帰りには話せてよかったと思ってもらえること、また何かあった時に話そうかなと思ってもらうことが大事」と話し、ご家族の思いに寄り添い活動をされていることがわかりました。

そして、ひきこもり家族会とは別日に、運営メンバーで振り返りや情報共有、運営の方針などを話し合う時間を設けています。家族会ミーティングではそれぞれが大事にしていることを持ち寄りつつ、すり合わせながら進め方を検討することで、新たな気付きがあり、回を重ねるごとにネットワークが強化され、「ひがしくるめ ひきこもり家族会」の強みとなっています。

（取材日：令和５年12月５日）

【新宿区社協】

企業と社会福祉法人の力を活かして地域をつなぐ

#企業とのネットワーク　#多様な主体との連携　#学校との連携

新宿区社協では、企業が地域活動を行うための「新宿CSRネットワーク」の活動を支援しています。現在は、社会福祉法人連絡会と連携した取組みもすすんでいます。両ネットワークの連携による取組み、さらに学校や地域の関係者など多様な主体と連携した取組みを紹介します。

左から、新宿区社協
地域活動支援課地区支援担当主事　粟飯原 由貴さん
地域活動支援課担当課長　長谷川 真也さん
法人経営課主任　出店 富美さん
地域活動支援課地区支援担当主事　川野 実夏さん

「新宿 CSR ネットワーク」の活動

前身である「新宿企業ボランティア連絡会」は、区内の企業からの「地域貢献をしたい」という相談が発端で、平成９年度に発足準備委員会を設置し、翌年度に設立しました。区内のイベントへの参加、情報交換会や勉強会等を行ってきたほか、平成18年度から始まった「打ち水大作戦」は、地域と企業が一緒になって、区内のホテル前で夏の暑さを和らげる打ち水を行う取組みですが、コロナ禍前の令和元年度まで14年間毎年実施してきました。部会やワーキンググループを立ち上げて活動していた時期もあります。規約をつくり、企業が参加しやすいように環境を整備し、「新宿CSRネットワーク（以下、CSR）」

と改称したのは平成24年度のことです。東日本大震災の被災者が新宿区内に避難してきた時期で、避難者のサロン運営にも協力をしました。また、平成25年度には新宿NPO協働推進センターが立ち上がったこともあり、NPOとの交流も始まりました。企業によって参加への考え方がさまざまであったことから、平成30年度に加入企業にCSRの活動についてヒアリングをし、積極的な活動意思を持っている企業で今のネットワークの形をつくりました。**企業が主体的に活動すること**を大事にしており、現在は年4回の定例会と地域イベントへの参加、環境整備活動（ごみゼロデー、年末クリーン大作戦）、特別支援学校との交流、社会福祉施設の訪問などを行っています。

リーフレットも参加企業が作成しています

「新宿 CSR ネットワーク」と「新宿区内社会福祉法人連絡会」の連携

新宿区内社会福祉法人連絡会（以下、社福連）は、平成29年9月に設立しました。社福連では、多様性理解を目的とした福祉教育「ダイバーシティウォールパズルアート」や食品配付会、会員法人の新人・

中堅職員向けの「オンラインサロン」などを実施してきました。地域のイベント「ダイバーシティパークin新宿」ではCSRが実施したスタンプラリーに社福連の加盟法人も参加しました。コロナ禍でも工夫しながら活動を続けており、食品配付会やオンラインサロンは、コロナ禍だからこそ始まった取組みでもあります。

社福連設立当初から、**社会福祉法人だけで地域公益活動を行うのではなく、多様な主体とつながったほうがいい**と考えており、積極的にCSRとの連携を進めてきました。CSRの定例会を社会福祉法人の会議室で開催して、施設見学をしたり、一緒にボッチャ大会を開催して交流も深めています。会場提供や施設見学だけではなく、社福連の法人もオブザーバーとして参加し、企業の参加者に向けて話をすることもあります。社福連のみなさまの協力をいただき、企業の方々にさまざまな福祉の分野を知ってもらえるようにしています。連携して地域活動を行っていくためには、まず、企業と社会福祉法人がお互いのことを知る取組みが大事だと考えています。

多様な主体が連携した3つの取組み

■「新宿アールブリュット企業展」（企業と社会福祉法人の連携）

CSRと社福連がつながったことで始まったのが、社福連に加盟する社会福祉法人の施設利用者が作った作品を企業のオフィスに展示する取組み「新宿アールブリュット企業展」です。高齢者、障害者、児童など分野を問わず、利用者の作品を多くの人に見てもらうことができます。新宿区社協に寄せられた「アート作品の力をオフィスの環境改善や施設利用者の仕事にもつなげられないかな」という企業のアイデアを社福連につなげたことで多くの作品が集まり、実現に至りました。初年度の令和４年度は、１社で実施した取組みですが、今後は参加企業が増え、施設利用者の活躍の場が広がっていくことを期待しています。

令和5年度　新宿アールブリュット企業展

東京都地域公益活動推進協議会
YouTubeで紹介されました

■「特別支援学校と企業の交流会」（企業と学校の連携）

CSRでは、特別支援学校の児童・生徒に企業の仕事を知ってもらうとともに、企業側が障害への理解を深める機会として、新宿区立新宿養護学校（肢体不自由の児童・生徒のための特別支援学校）の児童・生徒と企業の交流会を実施しています。コロナ禍で学校外での体験が難しい時期だからこそ、さまざまな人と交流させたいという学校からの希望で始まった取組みです。年に3回の手紙交換と、対面交流を1回行っています。コロナ禍で中止になった社会科見学の代わりに、社員がタブレットで社内を見せながら企業見学を実施したり、ZOOMで企業の海外支社とつながって外国の方と通訳付きで話をするなど、コロナ禍で広まったオンラインの良さを活かすこともできました。オンライン企業見学を実施した印刷会社では、事前に児童・生徒の名刺を学校に送っておき、当日にオンラインで現物を手にしながら、障害者雇用で働いている当事者の話を聞けるようにしました。

■「食品配付会」（地域の多様な主体の連携）

新宿区社協では、コロナ禍で経済的に困窮している方の相談が増えたことから、食支援の必要性を感じ、令和３年度から食品配付会を実施しています。令和４年度からは社福連が主催となり、子育て世帯を対象に、食品を渡すとともに当日は相談にも対応する取組みです。CSR、社福連のほか、民生児童委員や町会・自治会にも協力を依頼し、地域の多様な活動者が関わって実施しています。配付会の開催や食品寄付の周知をはじめ、食品を集める拠点、配付会の事前準備、当日の運営、相談対応などさまざまな形で地域の力が活かされた事業です。

今後の展望

特別支援学校と企業の交流会は、新宿区社協の地区支援担当に学校から相談が入り、企業側も子どもに対する活動をしたいと思っていたことから実現しました。新宿区社協には区内９つのエリアをそれぞれ担当する地区支援担当職員がいます。地区支援担当職員が地域のイベントや民生委員・児童委員、町会・自治会の定例会に出席するなど、地域住民や地域の活動団体と関係をつくってきたことで、新宿区社協には地域からさまざまな相談が寄せられます。学校と企業をスムーズにつなぐことができたのは、地区支援担当の取組みがあったからだと言います。社福連を担当している法人経営課主任の出店富美さんは、**社福連もCSRも区全域の活動だけでなく、小地域での活動を展開していきたい**と考えています。地区支援担当には小地域の情報が集約されやすいので、新たな地域課題の発見ができると期待を寄せています。

令和４年度に社福連担当と地区支援担当が一緒に社会福祉法人にヒアリングしたところ、多くの法人に地域公益活動をやりたい、専門職の強みを活かしたいという思いがありました。社会福祉法人も企業も単独では実施が難しいことでも、社福連やCSRのネットワークであれば取り組めることもあります。地域活動支援課担当課長の長谷川真也さんは、CSRや社福連の活動を企業や社会福祉法人の中で理解してもらい、気持ち良く・楽しく参加してもらえる活動を作っていきたいと、ご本人も楽しそうに語っていました。

（取材日：令和5年12月14日）

【清瀬市社協】

地域の関係団体とつくる子どもたちの居場所

～大学生・保育園・民生児童委員・社協のつながり～

#大学生　#保育園との連携　#気になる子どもへの支援

地域には社会福祉法人や福祉関係団体、民生児童委員、学生などさまざまな団体や人々がいます。社会福祉法人のネットワークが立ち上がっている区市町村も多くなってきました。

清瀬市社協では近隣の大学生が持ち込んだ提案をきっかけに保育園や民生児童委員を巻き込んだ居場所づくりを行っています。

左から、
清瀬市社協 福祉総務課 地域福祉係員
課長　奥山 裕司さん
事務局長　新井 勘資さん
係長　富田 千秋さん

きっかけは大学のゼミ生から持ち込まれた相談

清瀬市の野塩地域にある「のしお一丁目保育園」では、月２回16時半～18時までの夕方の時間に気になる家庭の小学生の居場所事業「きこりぐま」を実施しています。この居場所ができたきっかけは、清瀬市社会福祉協議会に日本社会事業大学の学生たちが持ち込んできた居場所づくりの提案でした。

この学生たちは大学の先生の調査結果をもとに、ゼミの授業のなかで清瀬市内の４地域に子どもの居場所をつくることを目指して、令和３年５月に清瀬市社協を訪れました。はじめは子ども食堂のような居場所をイメージしていた学生たちでしたが、当時はコロナ禍でもあり、人が集まる居場所で食を提供することがまだ難しいと感じられる時期でした。そのため、相談を受けた清瀬市社協地域福祉係は、別地域ではすでにある子ども食堂とつなぐなどの助言を行いましたが、野塩地域には資源が少なく、小学生の登下校を見守る活動をしているグループにつながるのはどうかと提案を行ったものの、居場所づくりを目指している学生たちにはあまり響かなかったそうです。そのため、居場所を行う場所を探すことになりました。そのなかで野塩地域にある保育園が卒園児の集まりで借りている近隣の自治会集会場を有料で貸してもらえることが分かりました。しかし学生たちが話し合いをするために借りても賃料がかかってしまうため、無償で話し合いができる場所を探していた時に、近くにあるのしお一丁目保育園へ声をかけたことがのしお一丁目保育園との出会いでした。

のしお一丁目保育園で行う学生たちの話し合いには保育園の先生も入っていただきました。その話し合いで先生方に子どもの居場所の重要性が伝わり、「居場所自体も保育園でやらないか」と先生から提案をいただいたことで「きこりぐま」の居場所づくりが進み始めました。

保育園を会場とした「気になる家庭の子どもがありのまま過ごせる居場所」として

居場所づくりの話し合いには、清瀬市社協から民生児童委員にも声をかけ入ってもらいました。ほかにも子ども家庭支援センターやスクールソーシャルワーカーに説明するなどを経て、令和４年７月に子どもの居場所「きこりぐま」が始まりました。

はじめは保育園を卒園した子どもたちのなかで、子どもだけで夕方の時間を過ごすのではないか、親御さんが疲れているのではないかという気になる家庭の子ども

に、保育園の先生から声をかけて居場所に来てもらうところからスタートしました。その後子どもたちが友達を連れてきたり、近くを歩いている様子の気になる子どもに声をかけることもありました。

現在「きこりぐま」に来ている子どもたちは小学校低学年を中心に7～8名です。子どもたちは宿題をする、大学生たちと遊ぶ、部屋のなかを走り回る等、やりたいことを自由にやりながら過ごしています。危険なことでない限り「○○をしなさい・やめなさい」という声かけは行わず**「ありのまま」の子どもたちの姿を大切**にしています。運営スタッフは発案の日本社会事業大学の学生たち、また話し合いに入ってもらった民生児童委員が担っています。清瀬市社協はスタッフ会議に参加する、フードバンクからおやつを提供する等の側面支援を行っています。学生たちが行事保険を申込みに来た時に様子を聞いたり、社協に実習生が来た際には居場所を見学に行くこともあるそうです。また保育園の先生方も活動している日にはお茶やおもちゃを持ってきてくれるなど気にかけてくれています。

地域の関係団体・関係者がかかわりあうことで

この居場所づくりを行うなかで、「のしお一丁目保育園の存在が大きかった」と地域福祉係の富田係長は話します。はじめは学生たちの話し合いの場所をお借りするだけの予定が、今では保育園が子どもたちの受付をしてくれる等主体的にかかわってくれています。これは清瀬市内の社会福祉法人のネットワークである清瀬市社会福祉法人社会貢献事業協議会をつうじ、**ネットワークでだけでなく個々の社会福祉法人でも地域公益に関する活動を行いたい**という意識を保育園側が持ってくれていたからではないかと感じています。また、地域に身近な保育園に学生

たちが出入りすることで、保育園に関心をもってほしいという思いもあったそうです。

そして、この保育園と現在スタッフとしてかかわってくれている民生児童委員さんははじめは顔が見える関係ではなく、この事業をとおしてつながりました。地域の関係者がつながることで、支援の幅がひろがったこともよかったことのひとつだと語ります。

清瀬市社協としても、社協の事務所がある地域とは少し離れた野塩地域で、保育園や民生児童委員、また最初に相談した自治会の会長等と地域の子どもたちの課題を共有し、この居場所を立ち上げたことで資源開発につながったといいます。子どもたちが「きこりぐま」で安心して楽しそうに過ごしているのを見て、この場の必要性を感じています。

これからも地域を支えつづけていくために

「きこりぐま」は自由に過ごす居場所となりましたが、子ども食堂や大人が見守る場などニーズに応じて必要とされる居場所は変わってくるはずです。清瀬市社協では地域福祉コーディネーターを令和５年度から配置していますが、現在１名の配置となっています。地域にあわせたニーズをキャッチするために今後人数を増やしていきたいと考えていますが、簡単なことではありません。あわせて人材育成の課題も懸念されます。また「きこりぐま」は現在のところ親御さんの了承をとれた子どもたちが来ていますが、親御さんとの連絡がうまくいかない家庭など、つながりきれていない子どもたちへの支援も考えていく必要があると富田係長は話します。今回のような実践をかさねながら、地域の関係団体と力をあわせながら、中学校卒業など支援が途切れやすいタイミングでもつながり続けられるよう、教育関係者等とも一緒に取り組んでいけるようになっていきたいと今後の展望をもたれていました。

（取材日：令和６年２月５日）

【三鷹市社協】

たのしくボランティアモチベアップ！ 多様な福祉教育の取組み

#小中学生　#ボランティア活動の推進　#新たなテーマのボランティア講座

三鷹市社協では、小中学生を対象に気軽に楽しく福祉にアクセスできる工夫として「みたかボランティア手帳」を配布したり、新たなテーマでボランティア講座を立ち上げたりしています。学校と連携しながら福祉の裾野を広げていく取組みを紹介します。

左から、
みたかボランティアセンター
ボランティア推進係
土屋 大祐さん、　髙橋 圭一さん

楽しみながらボランティアに取り組んでもらうために

みたかボランティアセンターでは、三鷹市内の公立中学の全生徒に『**みたかボランティア手帳（通称「みたボラ」）**』を学校経由で配布する取組みを令和３年度から開始しています。これは、三鷹市内の中学生のボランティア活動を推進するために作成されたもので、活動内容と受け入れ先団体からのコメントを記録することができます。希望があれば小学生にも「みたボラ」を渡しており、兄・姉が「みたボラ」を活用しながらボランティアをする姿を見て「自分もやりたい！」と言う子もいるそうです。

「みたボラ」の運用開始にあたり、ボランティアの受け入れ団体となる福祉施設のほか、公立の小中学校、教育委員会や校長会、青少年対策地区委員会などに出向き、説明を行いました。こうした普及・理解促進に力を借りたのが「スクール・コミュニティ推進員（以下SC推進員という。）」です。三鷹市ではコミュニティ・スクールを基盤とした小・中一貫教育を推進しており、**学校と地域をつなぐSC推進員**が配置されています。直接相談することはなかなかハードルが高いときも、SC推進員にかかわっていただくことで学校にも受け入れてもらいやすいそうです。

「みたボラ」は5マス埋まると認定証がもらえる仕組みで、運用して3年目に入り1冊目を終了した「みたボラ エキスパート」が約40名、5冊目を終了した「みたボラ レジェンド」が2名いるとのことです。認定証を発行する際は、欄が埋まった「みたボラ」のコピーを学校から交換便で社協に送っていただいており、学校の協力が子どもたちのボランティア活動を後押しします。朝礼で表彰している学校や通知表にボランティア活動の取組みを記載している学校もあるそうで、土屋さんは「問合せも増えており、少しずつ浸透していることを実感していま

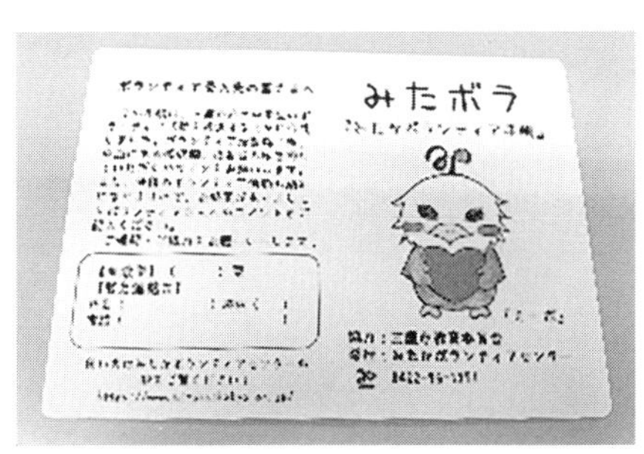

「みたボラ」は生徒手帳サイズ！
表紙のキャラクター“ミーボ”は
中学生のアイデアです♪

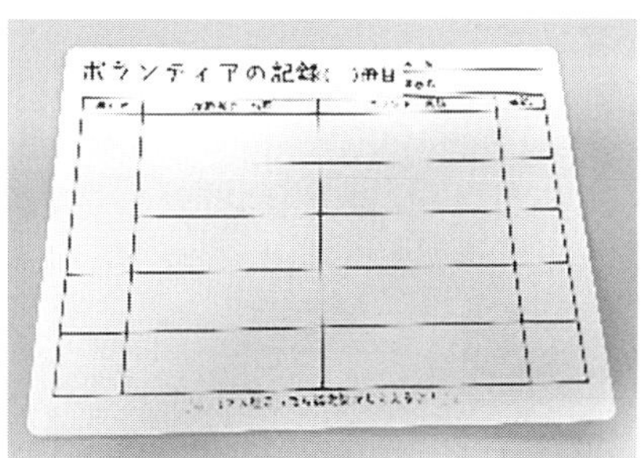

す。ゆくゆくは小学生にも広げていきたいですね」と話します。課題としては「私立中学に進学する子に配布できていないこと、ボランティアの受け入れ団体への周知がまだ足りないことです」とのことでした。

「ボランティア出前講座」と「夏！体験ボランティア」の連携

みたかボランティアセンターでは、新たなテーマに関するボランティア講座を立ち上げました（テーマ：防災・SDGsとフードロス・多文化共生・SDGsと地球温暖化）。例えば小学校での防災講座を企画する際の打合せにはSC推進員にも同席していただき、地域特性に応じた内容で開催したそうです。「夏！体験ボランティア」ではボランティア講座の受講もメニューに加え、小中学生からも多数の参加がありました。

学校で開催した「ボランティア出前講座」の感想は、全小中学生に配布されたタブレットで感想を入力してもらっています。ボランティアへの関心など率直な意見を聞くことができ、髙橋主査は「子どもたちからの意見も参考に今後の企画を考えていきたい」といいます。

「夏！体験ボランティア 2023 in みたか」報告書

小中学生のボランティア推進のために

今後取り組みたいこととして、子どもたちの中から「ボランティアライター」を募集しボランティア活動を取材したり、「夏！体験ボランティア」の参加者の交流会をしたりできないか検討しているそうです。「ボランティアは社会とつながる経験のひとつです。子どもたちの意見を聞き、自分たちで取り組みたい活動がでてきたらサポートしていきたいですね」とお二人の展望をお聞きしました。

学習指導要領では小中学校を通して「主体的・対話的で深い学びの実現」が目指されています。さまざまな方法でボランティアを経験し、多様な価値観・考え方を持つ子どもたちが福祉につながり続けてくれることを願っています。

参考：三鷹の教育政策の概要
https://www.city.mitaka.lg.jp/c_service/105/105110.html

（取材日：令和５年12月12日）

小中高生等の次世代育成や福祉教育の取組み

【武蔵村山市社協】

自分の地域を自分でつくる！子ども・若者たちと社協のタッグ

#小学生　#居場所との連携　#食支援でつながる

武蔵村山市社協では、フードパントリー事業を行っています。コロナ禍では近況やご相談をお伺いしながら食品をお渡しすることも始めました。そんななか小学校からの依頼で出前講座を行ったり、生きづらさを抱えた方がボランティアでかかわるなど、食支援からさまざまにつながっていった取組みを紹介します。

福祉総務課地域係
係長　吉野 奈緒子さん
ここりんと一緒に♪

食支援事業の変遷

平成27年度から社協の独自事業としてフードバンク事業を開始し、当初は「貸付にはつなげられないけど何か支援ができれば」という方を対象に食品を提供していました。令和2年度末からはフードパントリーを開始。次第に拡大していき、個人や企業・団体からの寄付が増えています。「農家から野菜の寄付の相談や食品企業以外から協力したいという声をいただいています。食品のほか子ども服や文具類も提供いただき、必要とする方にお渡ししています。ありがたいですよね」と話すのは今回お話を聞いた地域福祉コーディネーターの吉野さん。食品を渡すフードパントリーは予約制にして社協に取りに来ていただき、**お渡しする際に必ず近況を聞いたり相談を受けたり**しています。母子世帯・高齢者世帯の申込みが多いようです。

小学校からの相談を受けて

令和４年10月中旬、市内の小学校の先生から「総合的な学習の時間でフードロスについて学ぶことにしたのですが、その中で子どもたちがフードドライブに興味を持ち、市に相談したところ社協を紹介してもらいました。取組みについて話していただけませんか?」という電話がありました。授業ではフードバンク事業のほか社協についても紹介をしました。触発された子どもたちは、自分たちでもやりたい!と小学校でフードドライブを開催。集めた食品は社協や近隣の子ども食堂（社協が立ち上げ支援に関与）へ寄付しました。現在この子ども食堂で、運営ボランティアをする子どももいるとのこと。さらに副校長先生からは「この取組みを学校の伝統にしたい」という熱い言葉がありました。「社協の出前講座として授業に参加しました。これまでフードバンク事業は生活福祉資金制度の説明と同じ枠組みで考えていましたが、こんな視点で話すこともあるのかと思いました。こちらも勉強になりました」とのことでした。前述の授業後社協への関心も高まり、吉野さんの仕事や職業観についてもお話されたそうです。今年度も社協と小学校との連携を続けていく予定です。

ココカラサロン利用者の参加も

生きづらさを抱えた方を対象とした「ココカラサロン」（当事者の居場所）の利用者の中には、フードバンク事業において食品の受け取り、仕分け、申込者へのお渡しのボランティアをする方もいます。「たとえば権利擁護係の専門員からつながった30代男性の利用者は食品の受け取りに協力してくれて、とても助かっています。**役割を担うことでやりがいを感じているのかもしれません**ね」と吉野さん。「ある利用者の方からは、食品の仕分けの活動がどんな意味があるのかと聞かれました。以前に伝えたつもりですが、活動を重ねるうちに改めてその意味を理解したいと思ったのかもしれません」とのことでした。

子ども・若者はちょっとしたきっかけがあれば興味を持ち、体を動かし、心が育っていくのかもしれません。食支援という「自分たちも何かできるかも」と思いやすい取組みが、未来を担う子ども・若者の支援と活動の場づくりにこれからもつながっていくことが楽しみです。

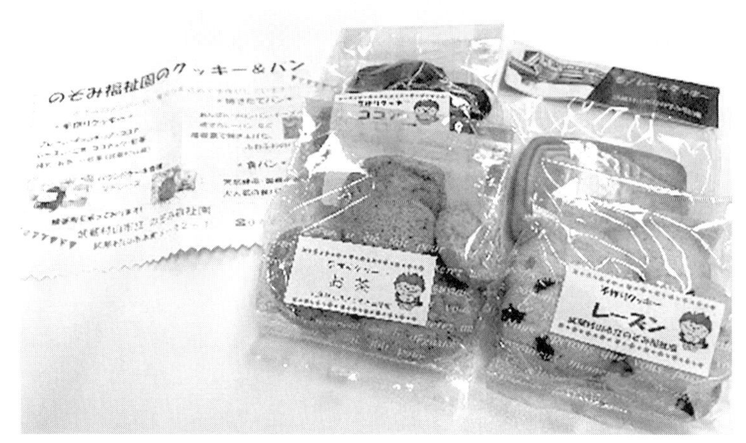

社協が入る武蔵村山市民総合センターでは
「のぞみ福祉園」のクッキーが販売されています！（おいしかった！）

★社協の Facebook もご覧ください
（https://www.facebook.com/mmshakyo/）

（取材日：令和 5 年 6 月 27 日）

地域課題への取組みの詳細を『ふくし実践事例ポータルサイト』に掲載しています

http://fukushi-portal.tokyo/ ▶

『ふくし実践事例ポータルサイト』では、類似課題への対応や、新たな実践の参考として活用していけるように、蓄積した実践事例の情報発信を行っています。

続々更新中！